화엄경 제27권(십회향품 제25-5)

화엄경 제27권에는 피부 · 귀 · 이(齒牙) · 혀 · 머리 · 수족 · 혈액 · 심장 · 간 · 지절 · 골절 · 손가락 · 발가락 보시로 求法難行을 설하고, 자비스런 마음으로 중생을 구호하되 거만한 마음 희론 하지 말 것을 강조한다.(pp.1~6)

十廻向品 第二十五之五
십회향품 제이십오지오

佛子 菩薩摩訶薩 布施乞
불자 보살마하살 보시걸

者 連膚頂髻 如寶髻王菩薩
자 련부정계 여보계왕보살

勝妙身菩薩 及餘無量諸菩
승묘신보살 급여무량제보

薩等 菩薩 是時見乞者來 心
살등 보살 시시견걸자래 심

生歡喜 而語之言 汝今若須
생환희 이어지언 여금약수

連膚頂髻 可就我取 我此頂
련부정계 가취아취 아차정

髻(계)閻(염)浮(부)提(제)中(중)最(최)爲(위)第(제)一(일)作(작)是(시)
語(어)時(시)心(심)無(무)動(동)亂(란)不(불)念(념)餘(여)業(업)
捨(사)離(리)世(세)間(간)志(지)求(구)寂(적)靜(정)究(구)竟(경)
淸(청)淨(정)精(정)勤(근)質(질)直(직)向(향)一(일)切(체)智(지)便(편)
執(집)利(리)刀(도)割(할)其(기)頭(두)上(상)連(련)膚(부)頂(정)髻(계)
右(우)膝(슬)著(착)地(지)合(합)十(십)指(지)掌(장)一(일)心(심)施(시)
與(여)正(정)念(념)三(삼)世(세)一(일)切(체)諸(제)佛(불)菩(보)薩(살)

所(소) 行(행) 發(발) 大(대) 歡(환) 喜(희) 增(증) 上(상) 志(지) 樂(락) 於(어)
諸(제) 法(법) 中(중) 意(의) 善(선) 開(개) 解(해) 不(불) 取(취) 於(어) 苦(고)
了(료) 知(지) 苦(고) 受(수) 無(무) 相(상) 無(무) 生(생) 諸(제) 受(수) 互(호)
起(기) 無(무) 有(유) 常(상) 住(주)
是(시) 故(고) 我(아) 應(응) 同(동) 去(거) 來(래) 今(금) 一(일) 切(체)
菩(보) 薩(살) 修(수) 行(행) 大(대) 捨(사) 發(발) 深(심) 信(신) 樂(락) 求(구)
一(일) 切(체) 智(지) 無(무) 有(유) 退(퇴) 轉(전) 不(불) 由(유) 他(타) 敎(교)

善知識力菩薩摩訶薩作是
선지식력보살마하살작시

施時以諸善根如是廻向所
시시이제선근여시회향소

謂願一切衆生得無見頂成
위원일체중생득무견정성

就菩薩如塔之髻願一切衆
취보살여탑지계원일체중

生得紺青髮金剛髮細軟髮
생득감청발금강발세연발

能滅衆生一切煩惱願一切
능멸중생일체번뇌원일체

衆生得潤澤髮密緻髮不侵
중생득윤택발밀치발불침

鬢額髮
빈액발

願一切衆生得柔軟髮盡
원일체중생득유연발진

於鬢額而生髮願一切衆生
어빈액이생발원일체중생

得如卍字髮螺文右旋髮願
득여만자발나문우선발원

一切衆生得佛相髮永離一
일체중생득불상발영리일

切煩惱結習願一切衆生得
체번뇌결습원일체중생득

光明髮其光普照十方世界
광명발기광보조시방세계

願一切衆生得無亂髮如如
원일체중생득무란발여여

來髮淨妙無雜願一切衆生
래발정묘무잡원일체중생

得成應供頂塔之髮令其見
득성응공정탑지발령기견

者如見佛髮願一切衆生皆
자여견불발원일체중생개

得如來無染著髮永離一切
득여래무염착발영리일체

暗翳塵垢
암예진구

是爲菩薩摩訶薩施連膚
시위보살마하살시련부

髻(계) 時(시) 善(선) 根(근) 迴(회) 向(향) 爲(위) 令(령) 衆(중) 生(생) 其(기)
心(심) 寂(적) 靜(정) 皆(개) 得(득) 圓(원) 滿(만) 諸(제) 陀(다) 羅(라) 尼(니)
究(구) 竟(경) 如(여) 來(래) 一(일) 切(체) 種(종) 智(지) 十(십) 種(종) 力(력)
故(고)

佛(불) 子(자) 菩(보) 薩(살) 摩(마) 訶(하) 薩(살) 以(이) 眼(안) 布(보)
施(시) 諸(제) 來(래) 乞(걸) 者(자) 如(여) 歡(환) 喜(희) 行(행) 菩(보) 薩(살)
月(월) 光(광) 王(왕) 菩(보) 薩(살) 及(급) 餘(여) 無(무) 量(량) 諸(제) 菩(보)

薩(살)等(등)所(소)行(행)惠(혜)施(시)菩(보)薩(살)摩(마)訶(하)薩(살)

布(보)施(시)眼(안)時(시)起(기)清(청)淨(정)施(시)眼(안)心(심)起(기)

清(청)淨(정)智(지)眼(안)心(심)起(기)依(의)止(지)法(법)光(광)明(명)

心(심)起(기)現(현)觀(관)無(무)上(상)佛(불)道(도)心(심)發(발)迴(회)

向(향)廣(광)大(대)智(지)慧(혜)心(심)發(발)與(여)三(삼)世(세)菩(보)

薩(살)平(평)等(등)捨(사)施(시)心(심)發(발)於(어)無(무)礙(애)眼(안)

起(기)不(불)壞(괴)淨(정)信(신)心(심)於(어)其(기)乞(걸)者(자)起(기)

歡喜攝受心
환희섭수심

爲究竟一切神通故爲生
위구경일체신통고위생

佛眼故爲增廣大菩提心故
불안고위증광대보리심고

爲修習大慈悲故爲制伏六
위수습대자비고위제복육

根故於如是法而生其心佛
근고어여시법이생기심불

子菩薩摩訶薩布施眼時於
자보살마하살보시안시어

其乞者心生愛樂爲設施會
기걸자심생애락위설시회

增長法力捨離世間愛見
증장법력사리세간애견

放逸除斷欲縛修習菩提隨
방일제단욕박수습보리수

彼所求心安不動不違其意
피소구심안부동불위기의

皆令滿足而常隨順無二捨
개령만족이상수순무이사

行以此善根如是迴向所謂
행이차선근여시회향소위

願一切衆生得最勝眼示導
원일체중생득최승안시도

一切願一切衆生得無礙眼
일체원일체중생득무애안

開廣智藏願一切衆生得淨肉眼光明鑒徹無能蔽者願一切衆生得淨天眼悉見衆生死業果願一切衆生得淨法眼能隨順入如來境界願一切衆生得智慧眼捨離一切分別取著

개광지장원일체중생득정육안광명감조무능폐자원일체중생득정천안실견중생사업과원일체중생득정법안능수순입여래경계원일체중생득지혜안사리일체분별취착

사경의 공덕은 십만억 부처님께 공양한 것과 같은 공덕이 있습니다.

願一切衆生具足佛眼悉
원일체중생구족불안실

能覺悟一切諸法願一切衆
능각오일체제법원일체중

生成就普眼盡諸境界無所
생성취보안진제경계무소

障礙願一切衆生成就清淨
장애원일체중생성취청정

離癡翳眼了衆生界空無所
리치예안료중생계공무소

有願一切衆生具足清淨無
유원일체중생구족청정무

障礙眼皆得究竟如來十力
장애안개득구경여래십력

是爲菩薩摩訶薩布施眼時
시위보살마하살보시안시

善根迴向爲令衆生得一切
선근회향위령중생득일체

智淸淨眼故
지청정안고

佛子菩薩摩訶薩能以耳
불자보살마하살능이이

鼻施諸乞者如勝行王菩薩
비시제걸자여승행왕보살

無怨勝菩薩及餘無量諸菩
무원승보살급여무량제보

薩等布施之時親附乞者專
살등보시지시친부걸자전

心修習諸菩薩行具佛種性 (심수습제보살행구불종성)
生如來家念諸菩薩所修施 (생여래가념제보살소수시)
行常勤發起諸佛菩提清淨 (행상근발기제불보리청정)
諸根功德智慧觀察三有無 (제근공덕지혜관찰삼유무)
一堅固 (일견고)
願常得見諸佛菩薩隨順 (원상득견제불보살수순)
憶念一切佛法知身虛妄空 (억념일체불법지신허망공)

無所有無所貪惜菩薩如是
무소유무소탐석보살여시

施耳鼻時心常寂靜調伏諸
시이비시심상적정조복제

根免濟衆生險惡諸難生長
근면제중생험악제난생장

一切智慧功德入大施海了
일체지혜공덕입대시해료

達法義具修諸道依智慧行
달법의구수제도의지혜행

得法自在以不堅身易堅固
득법자재이불견신역견고

身佛子菩薩摩訶薩布施耳
신불자보살마하살보시이

時以諸善根如是廻向所謂
시이제선근여시회향소위

願一切衆生得無礙耳普
원일체중생득무애이보

聞一切說法之音願一切衆
문일체설법지음원일체중

生得無障耳悉能解了一切
생득무장이실능해료일체

音聲願一切衆生得如來耳
음성원일체중생득여래이

一切聽達無所壅滯願一切
일체총달무소옹체원일체

衆生得淸淨耳不因耳處生
중생득청정이불인이처생

分別心願一切衆生得無聾
분별심원일체중생득무롱

聵耳令蒙昧識畢竟不生願
외이령몽매식필경불생원

一切衆生得徧法界耳悉知
일체중생득변법계이실지

一切諸佛法音
일체제불법음

願一切衆生得無礙耳開
원일체중생득무애이개

悟一切無障礙法願一切衆
오일체무장애법원일체중

生得無壞耳善知諸論無能
생득무괴이선지제론무능

壞괴 者자 願원 一일 切체 衆중 生생 得득 普보 聞문 耳이

廣광 大대 清청 淨정 爲위 諸제 耳이 王왕 願원 一일 切체

衆중 生생 具구 足족 天천 耳이 及급 以이 佛불 耳이 是시

爲위 菩보 薩살 摩마 訶하 薩살 布보 施시 耳이 時시 善선

根근 迴회 向향 爲위 令령 衆중 生생 皆개 悉실 獲획 得득

清청 淨정 耳이 故고

佛불 子자 菩보 薩살 摩마 訶하 薩살 布보 施시 鼻비

時如是廻向所謂願一切衆
시여시회향소위원일체중

生得隆直鼻得隨好鼻得善
생득륭직비득수호비득선

相鼻得可愛樂鼻得淨妙鼻
상비득가애락비득정묘비

得隨順鼻得高顯鼻得伏怨
득수순비득고현비득복원

鼻得善見鼻得如來鼻願一
비득선견비득여래비원일

切衆生得離恚怒面得一切
체중생득리에노면득일체

法面得無障礙面得善見面
법면득무장애면득선견면

사경의 공덕은 십만억 부처님께 공양한 것과 같은 공덕이 있습니다.

竟 경	得 득	時 시		切 체	失 실	得 득
攝 섭	入 입	善 선	是 시	處 처	面 면	隨 수
受 수	諸 제	根 근	爲 위	面 면	得 득	順 순
諸 제	佛 불	廻 회	菩 보	得 득	如 여	面 면
佛 불	法 법	向 향	薩 살	無 무	來 래	得 득
法 법	故 고	爲 위	摩 마	量 량	圓 원	清 청
故 고	爲 위	令 령	訶 하	美 미	滿 만	淨 정
爲 위	令 령	衆 중	薩 살	好 호	面 면	面 면
令 령	衆 중	生 생	布 보	面 면	得 득	得 득
衆 중	生 생	究 구	施 시		徧 변	離 리
生 생	究 구	竟 경	鼻 비		一 일	過 과

佛 불	心 심	爲 위	令 령	衆 중	生 생	究 구
正 정	故 고	令 령	衆 중	生 생	究 구	竟 경
法 법	爲 위	衆 중	生 생	究 구	竟 경	了 료
故 고	令 령	生 생	皆 개	竟 경	住 주	知 지
爲 위	衆 중	究 구	悉 실	常 상	持 지	諸 제
令 령	生 생	竟 경	證 증	見 견	諸 제	佛 불
衆 중	皆 개	成 성	得 득	諸 제	佛 불	法 법
生 생	能 능	就 취	佛 불	如 여	法 법	故 고
普 보	照 조	無 무	法 법	來 래	故 고	爲 위
悉 실	了 료	能 능	門 문	故 고	爲 위	令 령
嚴 엄	諸 제	壞 괴	故 고	爲 위	令 령	衆 중

淨諸佛國土故爲令衆生皆 (정제불국토고위령중생개)

得如來大威力身故是爲菩 (득여래대위력신고시위보)

薩摩訶薩施耳鼻時善根迴 (살마하살시이비시선근회)

向 (향)

佛子菩薩摩訶薩安住堅 (불자보살마하살안주견)

固自在地中能以牙齒施諸 (고자재지중능이아치시제)

衆生猶如往昔華齒王菩薩 (중생유여왕석화치왕보살)

一 일	伏 복	施 시	曇 담	時 시	菩 보	六 육
切 체	諸 제	步 보	華 화	其 기	薩 살	牙 아
智 지	根 근	步 보	所 소	心 심	等 등	象 상
願 원	心 심	成 성	謂 위	清 청	菩 보	王 왕
心 심	施 시	就 취	無 무	淨 정	薩 살	菩 보
施 시	一 일	無 무	盡 진	希 희	摩 마	薩 살
安 안	切 체	量 량	心 심	有 유	訶 하	及 급
樂 락	悉 실	捨 사	施 시	難 난	薩 살	餘 여
衆 중	捨 사	心 심	大 대	得 득	施 시	無 무
生 생	心 심	施 시	信 신	如 여	牙 아	量 량
心 심	施 시	調 조	心 심	優 우	齒 치	諸 제

施大施極施勝施最勝施輟
身要用無所嫌恨心施
菩薩爾時以諸善根如是
廻向所謂願一切衆生得銛
白牙齒成最勝塔受天人供
願一切衆生得齊平牙齒如
佛相好無有疏缺願一切衆

사경의 공덕은 십만억 부처님께 공양한 것과 같은 공덕이 있습니다.

生得調伏心善趣菩薩波羅
생득조복심선취보살바라

蜜行願一切衆生口善清淨
밀행원일체중생구선청정

牙齒鮮白分明顯現願一切
아치선백분명현현원일체

衆生得可憶念莊嚴牙齒其
중생득가억념장엄아치기

口清淨無可惡相
구청정무가악상

願一切衆生牙齒成就具
원일체중생아치성취구

滿四十常出種種希有妙香
만사십상출종종희유묘향

願(원) 一(일) 切(체) 衆(중) 生(생) 意(의) 善(선) 調(조) 伏(복) 牙(아) 齒(치)

鮮(선) 潔(결) 如(여) 白(백) 蓮(련) 華(화) 文(문) 理(리) 迴(회) 旋(선) 卍(만)

字(자) 成(성) 就(취) 願(원) 一(일) 切(체) 衆(중) 生(생) 口(구) 脣(순) 鮮(선)

淨(정) 牙(아) 齒(치) 潔(결) 白(백) 放(방) 無(무) 量(량) 光(광) 周(주) 徧(변)

照(조) 耀(요) 願(원) 一(일) 切(체) 衆(중) 生(생) 牙(아) 齒(치) 堅(견) 利(리)

食(식) 無(무) 完(완) 粒(립) 無(무) 所(소) 味(미) 著(착) 爲(위) 上(상) 福(복)

田(전) 願(원) 一(일) 切(체) 衆(중) 生(생) 於(어) 牙(아) 齒(치) 間(간) 常(상)

放光明授諸菩薩第一記別
방광명수제보살제일기별

是爲菩薩摩訶薩施牙齒時
시위보살마하살시아치시

善根迴向爲令衆生具一切
선근회향위령중생구일체

智於諸法中智慧淸淨故
지어제법중지혜청정고

佛子菩薩摩訶薩若有人
불자보살마하살약유인

來從乞舌時於乞者所以慈
래종걸설시어걸자소이자

悲心軟語愛語猶如往昔端
비심연어애어유여왕석단

正정 面면 王왕 菩보 薩살 不불 退퇴 轉전 菩보 薩살 及급

餘여 無무 量량 諸제 菩보 薩살 等등

佛불 子자 菩보 薩살 摩마 訶하 薩살 於어 諸제 趣취

中중 而이 受수 生생 時시 有유 無무 量량 百백 千천 億억

那나 由유 他타 衆중 生생 而이 來래 乞걸 舌설 菩보 薩살

爾이 時시 安안 置치 其기 人인 在재 師사 子자 座좌 以이

無무 恚에 心심 無무 害해 心심 無무 恨한 心심 大대 威위

我 아	言 언	以 이	無 무	大 대	菩 보	德 덕
舌 설	我 아	示 시	著 착	勢 세	薩 살	心 심
隨 수	今 금	乞 걸	心 심	力 력	所 소	從 종
意 의	此 차	者 자	兩 량	心 심	住 주	佛 불
所 소	身 신	慈 자	膝 슬	於 어	心 심	種 종
用 용	普 보	心 심	著 착	身 신	常 상	性 성
令 령	皆 개	軟 연	地 지	無 무	不 불	所 소
汝 여	屬 속	語 어	開 개	著 착	濁 탁	生 생
所 소	汝 여	而 이	口 구	心 심	亂 란	心 심
願 원	可 가	告 고	出 출	於 어	心 심	住 주
皆 개	取 취	之 지	舌 설	語 어	住 주	於 어

得(득)滿(만)足(족)菩(보)薩(살)爾(이)時(시)以(이)諸(제)善(선)根(근)

如(여)是(시)迴(회)向(향)

所(소)謂(위)願(원)一(일)切(체)衆(중)生(생)得(득)周(주)普(보)

舌(설)悉(실)能(능)宣(선)示(시)諸(제)語(어)言(언)法(법)願(원)一(일)

切(체)衆(중)生(생)得(득)覆(복)面(면)舌(설)所(소)言(언)無(무)二(이)

皆(개)悉(실)眞(진)實(실)願(원)一(일)切(체)衆(중)生(생)得(득)普(보)

覆(부)一(일)切(체)佛(불)國(국)土(토)舌(설)示(시)現(현)諸(제)佛(불)

사경의 공덕은 십만억 부처님께 공양한 것과 같은 공덕이 있습니다.

自(자)在(재)神(신)通(통)願(원)一(일)切(체)衆(중)生(생)得(득)軟(연)
薄(박)舌(설)恒(항)受(수)美(미)妙(묘)清(청)淨(정)上(상)味(미)願(원)
一(일)切(체)衆(중)生(생)得(득)辯(변)才(재)舌(설)能(능)斷(단)一(일)
切(체)世(세)間(간)疑(의)網(망)願(원)一(일)切(체)衆(중)生(생)得(득)
光(광)明(명)舌(설)能(능)放(방)無(무)數(수)萬(만)億(억)光(광)明(명)
願(원)一(일)切(체)衆(중)生(생)得(득)決(결)定(정)辯(변)舌(설)
說(설)諸(제)法(법)無(무)有(유)窮(궁)盡(진)願(원)一(일)切(체)衆(중)

生得普調伏舌善能開示一
생득보조복설선능개시일

切秘要所有言說皆令信受
체비요소유언설개령신수

願一切衆生得普通達舌善
원일체중생득보통달설선

入一切語言大海願一切衆
입일체어언대해원일체중

生得善說一切諸法門舌於
생득선설일체제법문설어

言語智悉到彼岸是爲菩薩
언어지실도피안시위보살

摩訶薩布施舌時善根迴向
마하살보시설시선근회향

爲令衆生皆得圓滿無礙智
위령중생개득원만무애지

故
고

佛子菩薩摩訶薩以頭布
불자보살마하살이두보

施諸來乞者如最勝智菩薩
시제래걸자여최승지보살

及大丈夫迦尸國王等諸大
급대장부가시국왕등제대

菩薩所行布施爲欲成就入
보살소행보시위욕성취입

一切法最勝智首爲欲成就
일체법최승지수위욕성취

示 시	界 계	爲 위	障 장	正 정	足 족	證 증
現 현	無 무	求 구	礙 애	見 견	見 견	大 대
普 보	能 능	世 세	首 수	淸 청	一 일	菩 보
到 도	見 견	間 간	爲 위	淨 정	切 체	提 리
十 시	頂 정	最 최	欲 욕	智 지	法 법	救 구
方 방	淨 정	勝 승	證 증	首 수	最 최	衆 중
智 지	智 지	智 지	得 득	爲 위	第 제	生 생
慧 혜	慧 혜	首 수	第 제	欲 욕	一 일	首 수
王 왕	首 수	欲 욕	一 일	成 성	首 수	爲 위
首 수	爲 위	成 성	地 지	就 취	爲 위	欲 욕
爲 위	得 득	三 삼	首 수	無 무	得 득	具 구

欲滿足一切諸法無能破壞
욕만족일체제법무능파괴

自在之首
자재지수

佛子菩薩摩訶薩安住是
불자보살마하살안주시

法精勤修習則爲已入諸佛
법정근수습즉위이입제불

種性學佛行施於諸佛所生
종성학불행시어제불소생

清淨信增長善根令諸乞者
청정신증장선근령제걸자

皆得喜足其心清淨慶悅無
개득희족기심청정경열무

사경의 공덕은 십만억 부처님께 공양한 것과 같은 공덕이 있습니다.

量(량) 心(심) 淨(정) 信(신) 解(해) 照(조) 明(명) 佛(불) 法(법) 發(발) 菩(보)
提(리) 意(의) 安(안) 住(주) 捨(사) 心(심) 諸(제) 根(근) 悅(열) 豫(예) 功(공)
德(덕) 增(증) 長(장) 生(생) 善(선) 樂(락) 欲(욕) 常(상) 好(호) 修(수) 行(행)
廣(광) 大(대) 施(시) 行(행)
菩(보) 薩(살) 爾(이) 時(시) 以(이) 諸(제) 善(선) 根(근) 如(여) 是(시)
迴(회) 向(향) 所(소) 謂(위) 願(원) 一(일) 切(체) 衆(중) 生(생) 得(득) 如(여)
來(래) 頭(두) 得(득) 無(무) 見(견) 頂(정) 於(어) 一(일) 切(체) 處(처) 無(무)

布 보	圓 원	具 구	智 지	飾 식	其 기	能 능
施 시	滿 만	足 족	首 수	世 세	髮 발	映 영
頭 두	智 지	首 수	一 일	所 소	右 우	蔽 폐
時 시	首 수	爲 위	切 체	希 희	旋 선	於 어
善 선	是 시	淸 청	世 세	有 유	光 광	諸 제
根 근	爲 위	淨 정	間 간	具 구	淨 정	佛 불
廻 회	菩 보	首 수	最 최	足 족	潤 윤	刹 찰
向 향	薩 살	爲 위	第 제	佛 불	澤 택	最 최
爲 위	摩 마	坐 좌	一 일	首 수	卍 만	爲 위
令 령	訶 하	道 도	首 수	成 성	字 자	上 상
衆 중	薩 살	場 량	爲 위	就 취	嚴 엄	首 수

사경의 공덕은 십만억 부처님께 공양한 것과 같은 공덕이 있습니다.

生得最勝法成於無上大智
생 득 최 승 법 성 어 무 상 대 지

慧故
혜 고

佛子菩薩摩訶薩以其手
불 자 보 살 마 하 살 이 기 수

足施諸衆生如常精進菩薩
족 시 제 중 생 여 상 정 진 보 살

無憂王菩薩及餘無量諸菩
무 우 왕 보 살 급 여 무 량 제 보

薩等於諸趣中種種生處布
살 등 어 제 취 중 종 종 생 처 보

施手足以信爲手起饒益行
시 수 족 이 신 위 수 기 요 익 행

時 시	提 리	具 구	步 보	薩 살	手 수	往 왕
以 이	佛 불	精 정	遊 유	道 도	以 이	返 반
無 무	子 자	進 진	行 행	常 상	手 수	周 주
量 량	菩 보	行 행	勇 용	舒 서	爲 위	旋 선
無 무	薩 살	除 제	猛 맹	其 기	施 시	勤 근
邊 변	摩 마	滅 멸	無 무	手 수	所 소	修 수
廣 광	訶 하	惡 악	怯 겁	擬 의	行 행	正 정
大 대	薩 살	道 도	以 이	將 장	不 불	法 법
之 지	如 여	成 성	淨 정	廣 광	空 공	願 원
心 심	是 시	就 취	信 신	惠 혜	具 구	得 득
開 개	施 시	菩 보	力 력	安 안	菩 보	寶 보

淨法門入諸佛海成就施手
정법문입제불해성취시수

周給十方
주급시방

願力任持一切智道住於
원력임지일체지도주어

究竟離垢之心法身智身無
구경리구지심법신지신무

斷無壞一切魔業不能傾動
단무괴일체마업불능경동

依善知識堅固其心同諸菩
의선지식견고기심동제보

薩修行施度
살수행시도

사경의 공덕은 십만억 부처님께 공양한 것과 같은 공덕이 있습니다.

寶 보	以 이	寶 보	衆 중	善 선	生 생	
供 공	種 종	手 수	生 생	根 근	求 구	佛 불
養 양	種 종	已 이	具 구	如 여	一 일	子 자
諸 제	寶 보	各 각	神 신	是 시	切 체	菩 보
佛 불	更 갱	相 상	通 통	迴 회	智 지	薩 살
興 흥	相 상	尊 존	力 력	向 향	施 시	摩 마
妙 묘	供 공	敬 경	皆 개	所 소	手 수	訶 하
寶 보	養 양	生 생	得 득	謂 위	足 족	薩 살
雲 운	又 우	福 복	寶 보	願 원	時 시	爲 위
徧 변	以 이	田 전	手 수	一 일	以 이	諸 제
諸 제	衆 중	想 상	得 득	切 체	諸 제	衆 중

佛土

令諸衆生互起慈心不相

惱害遊諸佛刹安住無畏自

然具足究竟神通又令皆得

寶手華手香手衣手蓋手華

鬘手末香手莊嚴具手無邊

手無量手普手得是手已以

神通力常勤往詣一切佛土
신통력상근왕예일체불토

能以一手徧摩一切諸佛世
능이일수변마일체제불세

界以自在手持諸衆生得妙
계이자재수지제중생득묘

相手放無量光能以一手普
상수방무량광능이일수보

覆衆生成於如來手指網縵
부중생성어여래수지망만

赤銅爪相
적동조상

菩薩爾時以大願手普覆
보살이시이대원수보부

血 혈		訶 하	法 법	海 해	無 무	衆 중
布 보	佛 불	薩 살	海 해	見 견	上 상	生 생
施 시	子 자	施 시	同 동	來 래	菩 보	願 원
衆 중	菩 보	手 수	佛 불	乞 걸	提 리	一 일
生 생	薩 살	足 족	善 선	者 자	出 출	切 체
如 여	摩 마	時 시	根 근	歡 환	生 생	衆 중
法 법	訶 하	善 선	是 시	喜 희	一 일	生 생
業 업	薩 살	根 근	爲 위	無 무	切 체	志 지
菩 보	壞 괴	迴 회	菩 보	厭 염	功 공	常 상
薩 살	身 신	向 향	薩 살	入 입	德 덕	樂 락
善 선	出 출		摩 마	佛 불	大 대	求 구

道 도	嫌 혐	苦 고	心 심	就 취	等 등	意 의
心 심	來 래	受 수	起 기	一 일	於 어	王 왕
起 기	乞 걸	心 심	樂 락	切 체	諸 제	菩 보
守 수	心 심	起 기	修 수	智 지	趣 취	薩 살
護 호	起 기	樂 락	菩 보	心 심	中 중	及 급
一 일	趣 취	見 견	薩 살	起 기	施 시	餘 여
切 체	向 향	乞 걸	行 행	欣 흔	身 신	無 무
菩 보	一 일	者 자	心 심	仰 앙	血 혈	量 량
薩 살	切 체	心 심	起 기	大 대	時 시	諸 제
捨 사	菩 보	起 기	不 불	菩 보	起 기	菩 보
心 심	薩 살	不 불	取 취	提 리	成 성	薩 살

起기 增증 廣광 菩보 薩살 善선 施시 心심 起기 不불 退퇴

轉전 心심 不불 休휴 息식 心심 無무 戀련 已기 心심 以이

諸제 善선 根근 如여 是시 廻회 向향 所소 謂위 願원 一일

切체 衆중 生생 皆개 得득 成성 就취 法법 身신 智지 身신

願원 一일 切체 衆중 生생 得득 無무 勞로 倦권 身신

猶유 如여 金금 剛강 願원 一일 切체 衆중 生생 得득 不불

可가 壞괴 身신 無무 能능 傷상 害해 願원 一일 切체 衆중

사경의 공덕은 십만억 부처님께 공양한 것과 같은 공덕이 있습니다.

生得如變化身普現世間無
생 득 여 변 화 신 보 현 세 간 무

有盡極願一切衆生得可愛
유 진 극 원 일 체 중 생 득 가 애

樂身淨妙堅固願一切衆生
락 신 정 묘 견 고 원 일 체 중 생

得法界生身同於如來無所
득 법 계 생 신 동 어 여 래 무 소

依止願一切衆生得如妙寶
의 지 원 일 체 중 생 득 여 묘 보

光明之身一切世人無能映
광 명 지 신 일 체 세 인 무 능 영

蔽願一切衆生得智藏身於
폐 원 일 체 중 생 득 지 장 신 어

不死界而得自在願一切衆
불사계이득자재원일체중

生得寶海身見皆獲益無空
생득보해신견개획익무공

過者願一切衆生得虛空身
과자원일체중생득허공신

世間惱患無能染著
세간뇌환무능염착

是爲菩薩摩訶薩施身血
시위보살마하살시신혈

時以大乘心淸淨心廣大心
시이대승심청정심광대심

欣悅心慶幸心歡喜心增上
흔열심경행심환희심증상

心(심)安(안)樂(락)心(심)無(무)濁(탁)心(심)善(선)根(근)廻(회)向(향)
佛(불)子(자)菩(보)薩(살)摩(마)訶(하)薩(살)見(견)有(유)乞(걸)
求(구)其(기)身(신)髓(수)肉(육)歡(환)喜(희)軟(연)語(어)謂(위)乞(걸)
者(자)言(언)我(아)身(신)髓(수)肉(육)隨(수)意(의)取(취)用(용)如(여)
饒(요)益(익)菩(보)薩(살)一(일)切(체)施(시)王(왕)菩(보)薩(살)及(급)
餘(여)無(무)量(량)諸(제)菩(보)薩(살)等(등)於(어)諸(제)趣(취)中(중)
種(종)種(종)生(생)處(처)以(이)其(기)髓(수)肉(육)施(시)乞(걸)者(자)

사경의 공덕은 십만억 부처님께 공양한 것과 같은 공덕이 있습니다.

時歡喜廣大施心增長同諸
시환희광대시심증장동제

菩薩修習善根離世塵垢得
보살수습선근리세진구득

深志樂
심지락

以身普施心無有盡具足
이신보시심무유진구족

無量廣大善根攝受一切妙
무량광대선근섭수일체묘

功德寶如菩薩法受行無厭
공덕보여보살법수행무염

心常愛樂布施功德一切周
심상애락보시공덕일체주

給心無有悔審觀諸法從緣
급심무유회심관제법종연

無體不貪施業及業果報隨
무체불탐시업급업과보수

所會遇平等施與佛子菩薩
소회우평등시여불자보살

摩訶薩如是施時一切諸佛
마하살여시시시일체제불

皆悉現前想之如父得護念
개실현전상지여부득호념

故
고

一切衆生皆悉現前普令
일체중생개실현전보령

사경의 공덕은 십만억 부처님께 공양한 것과 같은 공덕이 있습니다.

安住淸淨法故一切世界皆
안주청정법고일체세계개

悉現前嚴淨一切佛國土故
실현전엄정일체불국토고

一切衆生皆悉現前以大悲
일체중생개실현전이대비

心普救護故一切佛道皆悉
심보구호고일체불도개실

현전낙觀如來十種力故去
현전락관여래십종력고거

來現在一切菩薩皆悉現前
래현재일체보살개실현전

同共圓滿諸善根故一切無
동공원만제선근고일체무

사경의 공덕은 십만억 부처님께 공양한 것과 같은 공덕이 있습니다.

畏皆悉現前能作最上師子
吼故
一切三世皆悉現前得平
等智普觀察故一切世間皆
悉現前發廣大願盡未來劫
修菩提故一切菩薩無疲厭
行皆悉現前發無數量廣大

외개실현전능작최상사자
후고
일체삼세개실현전득평
등지보관찰고일체세간개
실현전발광대원진미래겁
수보리고일체보살무피염
행개실현전발무수량광대

사경의 공덕은 십만억 부처님께 공양한 것과 같은 공덕이 있습니다.

心심 故고

佛불 子자 菩보 薩살 摩마 訶하 薩살 施시 髓수 肉육

時시 以이 此차 善선 根근 如여 是시 廻회 向향 所소 謂위

願원 一일 切체 衆중 生생 得득 金금 剛강 身신 不불 可가

沮저 壞괴 願원 一일 切체 衆중 生생 得득 堅견 密밀 身신

恒항 無무 缺결 減감 願원 一일 切체 衆중 生생 得득 意의

生생 身신 猶유 如여 佛불 身신 莊장 嚴엄 淸청 淨정 願원

生 생	竟 경		十 십	得 득	二 이	一 일
得 득	清 청	願 원	力 력	八 팔	相 상	切 체
堅 견	淨 정	一 일	不 불	十 십	而 이	衆 중
固 고	不 불	切 체	可 가	種 종	自 자	生 생
身 신	可 가	衆 중	斷 단	好 호	莊 장	得 득
一 일	限 한	生 생	壞 괴	妙 묘	嚴 엄	百 백
切 체	量 량	得 득		莊 장	願 원	福 복
魔 마	願 원	如 여		嚴 엄	一 일	相 상
怨 원	一 일	來 래		身 신	切 체	身 신
所 소	切 체	身 신		具 구	衆 중	三 삼
不 불	衆 중	究 구		足 족	生 생	十 십

能(능)壞(괴)願(원)一(일)切(체)衆(중)生(생)得(득)一(일)相(상)身(신)
與(여)三(삼)世(세)佛(불)同(동)一(일)身(신)相(상)願(원)一(일)切(체)
衆(중)生(생)得(득)無(무)礙(애)身(신)以(이)淨(정)法(법)身(신)徧(변)
虛(허)空(공)界(계)願(원)一(일)切(체)衆(중)生(생)得(득)菩(보)提(리)
藏(장)身(신)普(보)能(능)容(용)納(납)一(일)切(체)世(세)間(간)是(시)
爲(위)菩(보)薩(살)摩(마)訶(하)薩(살)求(구)一(일)切(체)智(지)施(시)
隨(수)肉(육)時(시)善(선)根(근)迴(회)向(향)爲(위)令(령)衆(중)生(생)

皆得如來究竟清淨無量身 (개득여래구경청정무량신)

故 (고)

佛子菩薩摩訶薩以心布 (불자보살마하살이심보)

施諸來乞者如無悔厭菩薩 (시제래걸자여무회염보살)

無礙王菩薩及餘無量諸大 (무애왕보살급여무량제대)

菩薩以其自心施乞者時學 (보살이기자심시걸자시학)

自在施心修一切施心習行 (자재시심수일체시심습행)

檀波羅蜜心成就檀波羅蜜
단바라밀심성취단바라밀

心學一切菩薩布施心一切
심학일체보살보시심일체

悉捨無盡心一切悉施慣習
실사무진심일체실시관습

心荷負一切菩薩施行心正
심하부일체보살시행심정

念一切諸佛現前心供養一
념일체제불현전심공양일

切諸來乞者無斷絕心
체제래걸자무단절심

菩薩摩訶薩如是施時其
보살마하살여시시시기

心清淨爲度一切諸衆生故
심청정위도일체제중생고

爲得十力菩提處故爲依大
위득십력보리처고위의대

願而修行故爲欲安住菩薩
원이수행고위욕안주보살

道故爲欲成就一切智故爲
도고위욕성취일체지고위

不捨離本誓願故以諸善根
불사리본서원고이제선근

如是迴向所謂願一切衆生
여시회향소위원일체중생

得金剛藏心一切金剛圍山
득금강장심일체금강위산

心 심	慧 혜	間 간		動 동	卍 만	等 등
得 득	藏 장	常 상	得 득	搖 요	相 상	所 소
如 여	心 심	無 무	不 불	心 심	莊 장	不 불
衆 중	得 득	盡 진	可 가		嚴 엄	能 능
生 생	如 여	心 심	恐 공		金 금	壞 괴
海 해	那 나	得 득	怖 포		剛 강	願 원
不 불	羅 라	大 대	心 심		界 계	一 일
可 가	延 연	勇 용	得 득		心 심	切 체
盡 진	堅 견	猛 맹	利 리		得 득	衆 중
心 심	固 고	幢 당	益 익		無 무	生 생
得 득	幢 당	智 지	世 세		能 능	得 득

那羅延藏無能壞心得滅諸
나라연장무능괴심득멸제

魔業魔軍衆心得無所畏心
마업마군중심득무소외심

得大威德心得常精進心得
득대위덕심득상정진심득

大勇猛心得不驚懼心得被
대용맹심득불경구심득피

金剛甲冑心得諸菩薩最上
금강갑주심득제보살최상

心得成就佛法菩提光明心
심득성취불법보리광명심

得菩提樹下坐安住一切諸
득보리수하좌안주일체제

佛(불)正(정)法(법)離(리)諸(제)迷(미)惑(혹)成(성)一(일)切(체)智(지)

心(심)得(득)成(성)就(취)十(십)力(력)心(심)是(시)爲(위)菩(보)薩(살)

摩(마)訶(하)薩(살)布(보)施(시)心(심)時(시)善(선)根(근)迴(회)向(향)

爲(위)令(령)衆(중)生(생)不(불)染(염)世(세)間(간)具(구)足(족)如(여)

來(래)十(십)力(력)心(심)故(고)

佛(불)子(자)菩(보)薩(살)摩(마)訶(하)薩(살)若(약)有(유)乞(걸)

求(구)腸(장)腎(신)肝(간)肺(폐)悉(실)皆(개)施(시)與(여)如(여)善(선)

施(시)菩(보)薩(살)降(항)魔(마)自(자)在(재)王(왕)菩(보)薩(살)及(급)
餘(여)無(무)量(량)諸(제)大(대)菩(보)薩(살)行(행)此(차)施(시)時(시)
見(견)乞(걸)者(자)來(래)其(기)心(심)歡(환)喜(희)以(이)愛(애)眼(안)
觀(관)爲(위)求(구)菩(보)提(리)隨(수)其(기)所(소)須(수)悉(실)皆(개)
施(시)與(여)心(심)不(불)中(중)悔(회)觀(관)察(찰)此(차)身(신)無(무)
有(유)堅(견)固(고)我(아)應(응)施(시)彼(피)取(취)堅(견)固(고)身(신)
復(부)念(념)此(차)身(신)尋(심)卽(즉)敗(패)壞(괴)見(견)者(자)生(생)

識 식	敬 경	汗 한	訶 하	所 소		厭 염
而 이	心 심	之 지	薩 살	食 식	此 차	狐 호
來 래	諦 체	極 극	作 작	無 무	身 신	狼 랑
護 호	視 시	於 어	是 시	所 소	無 무	餓 아
想 상	彼 피	法 법	觀 관	覺 각	常 상	狗 구
隨 수	來 래	解 해	時 시	知 지	會 회	之 지
所 소	乞 걸	悟 오	知 지	佛 불	當 당	所 소
乞 걸	者 자	生 생	身 신	子 자	棄 기	噉 담
求 구	如 여	大 대	無 무	菩 보	捨 사	食 식
無 무	善 선	歡 환	常 상	薩 살	爲 위	
不 불	知 지	喜 희	穢 예	摩 마	他 타	

惠施以不堅身易堅固身佛
子菩薩摩訶薩如是施時所
有善根悉以迴向
願一切衆生得智藏身內
外清淨願一切衆生得福藏
身能普任持一切智願願一
切衆生得上妙身內薀妙香

사경의 공덕은 십만억 부처님께 공양한 것과 같은 공덕이 있습니다.

外發光明願一切衆生得腹
외발광명원일체중생득복

不現身上下端直肢節相稱
불현신상하단직지절상칭

願一切衆生得智慧身以佛
원일체중생득지혜신이불

法味充悅滋長願一切衆生
법미충열자장원일체중생

得無盡身修習安住甚深法
득무진신수습안주심심법

性
성

願一切衆生得陀羅尼清
원일체중생득다라니청

放 방	內 내	滿 만	得 득	若 약	願 원	淨 정
大 대	寂 적	雨 우	如 여	心 심	一 일	藏 장
光 광	身 신	大 대	來 래	內 내	切 체	身 신
明 명	外 외	法 법	智 지	外 외	衆 중	以 이
普 보	爲 위	雨 우	深 심	俱 구	生 생	妙 묘
照 조	衆 중	願 원	觀 관	淨 정	得 득	辯 변
一 일	生 생	一 일	行 행	願 원	淸 청	才 재
切 체	作 작	切 체	身 신	一 일	淨 정	顯 현
是 시	智 지	衆 중	智 지	切 체	身 신	示 시
爲 위	幢 당	生 생	慧 혜	衆 중	若 약	諸 제
菩 보	王 왕	得 득	充 충	生 생	身 신	法 법

薩(살) 摩(마) 訶(하) 薩(살) 施(시) 腸(장) 腎(신) 肝(간) 肺(폐) 善(선) 根(근)
迴(회) 向(향) 爲(위) 令(령) 衆(중) 生(생) 內(내) 外(외) 淸(청) 淨(정) 皆(개)
得(득) 安(안) 住(주) 無(무) 礙(애) 智(지) 故(고)
佛(불) 子(자) 菩(보) 薩(살) 摩(마) 訶(하) 薩(살) 布(보) 施(시) 乞(걸)
者(자) 肢(지) 節(절) 諸(제) 骨(골) 如(여) 法(법) 藏(장) 菩(보) 薩(살) 光(광)
明(명) 王(왕) 菩(보) 薩(살) 及(급) 餘(여) 無(무) 量(량) 諸(제) 大(대) 菩(보)
薩(살) 施(시) 其(기) 身(신) 分(분) 肢(지) 節(절) 骨(골) 時(시) 見(견) 乞(걸)

復 부		諸 제	心 심	心 심	心 심	者 자
更 갱	願 원	善 선	菩 보	清 청	安 안	來 래
受 수	一 일	根 근	薩 살	淨 정	樂 락	生 생
骨 골	切 체	如 여	摩 마	心 심	心 심	愛 애
肉 육	衆 중	是 시	訶 하	隨 수	勇 용	樂 락
血 혈	生 생	迴 회	薩 살	所 소	猛 맹	心 심
身 신	得 득	向 향	施 시	乞 걸	心 심	歡 환
願 원	如 여	所 소	身 신	求 구	慈 자	喜 희
一 일	化 화	謂 위	骨 골	皆 개	心 심	心 심
切 체	身 신		時 시	施 시	無 무	淨 정
衆 중	不 불		以 이	與 여	礙 애	信 신

於 어	衆 중	諸 제	界 계	圓 원	勝 승	生 생
彼 피	生 생	根 근	生 생	滿 만	者 자	得 득
岸 안	得 득	圓 원	願 원	法 법	願 원	金 금
願 원	法 법	滿 만	一 일	身 신	一 일	剛 강
一 일	力 력	不 부	切 체	於 어	切 체	身 신
切 체	身 신	斷 단	衆 중	無 무	衆 중	不 불
衆 중	智 지	不 불	生 생	縛 박	生 생	可 가
生 생	力 력	壞 괴	得 득	無 무	得 득	破 파
得 득	自 자	願 원	智 지	著 착	一 일	壞 괴
堅 견	在 재	一 일	力 력	無 무	切 체	無 무
固 고	到 도	切 체	身 신	繫 계	智 지	能 능

사경의 공덕은 십만억 부처님께 공양한 것과 같은 공덕이 있습니다.

身(신) 其(기) 身(신) 眞(진) 實(실) 常(상) 無(무) 散(산) 壞(괴)

願(원) 一(일) 切(체) 衆(중) 生(생) 得(득) 隨(수) 應(응) 身(신) 敎(교)

化(화) 調(조) 伏(복) 一(일) 切(체) 衆(중) 生(생) 願(원) 一(일) 切(체) 衆(중)

生(생) 得(득) 智(지) 熏(훈) 身(신) 具(구) 那(나) 羅(라) 延(연) 肢(지) 節(절)

大(대) 力(력) 願(원) 一(일) 切(체) 衆(중) 生(생) 得(득) 堅(견) 固(고) 相(상)

續(속) 不(부) 斷(단) 絕(절) 身(신) 永(영) 離(리) 一(일) 切(체) 疲(피) 極(극)

勞(로) 倦(권) 願(원) 一(일) 切(체) 衆(중) 生(생) 得(득) 大(대) 力(력) 安(안)

住身悉能具足精進大力願
주신실능구족정진대력원

一切衆生得徧世間平等法
일체중생득변세간평등법

身住於無量最上智處願一
신주어무량최상지처원일

切衆生得福德力身見者蒙
체중생득복덕력신견자몽

益遠離衆惡
익원리중악

願一切衆生得無依處身
원일체중생득무의처신

皆得具足無依著智願一切
개득구족무의착지원일체

衆生得佛攝受身常爲一切 (중생득불섭수신상위일체)
諸佛加護願一切衆生得普 (제불가호원일체중생득보)
饒益諸衆生身悉能徧入一 (요익제중생신실능변입일)
切諸道願一切衆生得普現 (체제도원일체중생득보현)
身普能照現一切佛法願一 (신보능조현일체불법원일)
切衆生得具足精進身專念 (체중생득구족정진신전념)
勤修大乘智行願一切衆生 (근수대승지행원일체중생)

向 향	薩 살	永 영	智 지	得 득	安 안	得 득
爲 위	摩 마	離 리	業 업	堅 견	住 주	離 리
令 령	訶 하	世 세	願 원	固 고	無 무	我 아
衆 중	薩 살	間 간	一 일	行 행	所 소	慢 만
生 생	施 시	一 일	切 체	身 신	動 동	貢 공
得 득	身 신	切 체	衆 중	成 성	亂 란	高 고
一 일	骨 골	生 생	生 생	就 취	願 원	清 청
切 체	時 시	死 사	得 득	大 대	一 일	淨 정
智 지	善 선	是 시	佛 불	乘 승	切 체	身 신
永 영	根 근	爲 위	家 가	一 일	衆 중	智 지
清 청	迴 회	菩 보	身 신	切 체	生 생	常 상

사경의 공덕은 십만억 부처님께 공양한 것과 같은 공덕이 있습니다.

淨故
정고

佛子菩薩摩訶薩見有人
불자보살마하살견유인

來手執利刀乞其身皮心生
래수집리도걸기신피심생

歡喜諸根悅豫譬如有人患
환희제근열예비여유인환

以重恩逢迎引納敷座令坐
이중은봉영인납부좌령좌

曲躬恭敬而作是念此來乞
곡궁공경이작시념차래걸

者甚爲難遇斯欲滿我一切
자심위난우사욕만아일체

智(지) 願(원) 故(고) 來(래) 求(구) 索(색) 饒(요) 益(익) 於(어) 我(아) 歡(환)
喜(희) 和(화) 顏(안) 而(이) 語(어) 之(지) 言(언) 我(아) 今(금) 此(차) 身(신)
一(일) 切(체) 皆(개) 捨(사)
所(소) 須(수) 皮(피) 者(자) 隨(수) 意(의) 取(취) 用(용) 猶(유) 如(여)
往(왕) 昔(석) 清(청) 淨(정) 藏(장) 菩(보) 薩(살) 金(금) 脅(협) 鹿(록) 王(왕)
菩(보) 薩(살) 及(급) 餘(여) 無(무) 量(량) 諸(제) 大(대) 菩(보) 薩(살) 等(등)
無(무) 有(유) 異(이) 菩(보) 薩(살) 爾(이) 時(시) 以(이) 諸(제) 善(선) 根(근)

一 일	浮 부	願 원	不 불	淨 정	得 득	如 여
切 체	檀 단	一 일	壞 괴	見 견	微 미	是 시
衆 중	上 상	切 체	皮 피	者 자	細 세	迴 회
生 생	妙 묘	衆 중	猶 유	無 무	皮 피	向 향
得 득	眞 진	生 생	如 여	厭 염	猶 유	所 소
無 무	金 금	得 득	金 금	願 원	如 여	謂 위
量 량	清 청	金 금	剛 강	一 일	如 여	願 원
色 색	淨 정	色 색	無 무	切 체	來 래	一 일
皮 피	明 명	皮 피	能 능	衆 중	色 색	切 체
隨 수	潔 결	如 여	壞 괴	生 생	相 상	衆 중
其 기	願 원	閻 염	者 자	得 득	清 청	生 생

心樂現清淨色願一切衆生
심락현청정색원일체중생

得淨妙色皮具足沙門善軟
득정묘색피구족사문선연

清淨如來色相願一切衆生
청정여래색상원일체중생

得第一色皮自性清淨色相
득제일색피자성청정색상

無比願一切衆生成就如來
무비원일체중생성취여래

清淨色皮以諸相好而自莊
청정색피이제상호이자장

嚴願一切衆生得妙色皮放
엄원일체중생득묘색피방

사경의 공덕은 십만억 부처님께 공양한 것과 같은 공덕이 있습니다.

大(대)光(광)明(명)普(보)照(조)一(일)切(체)願(원)一(일)切(체)衆(중)

生(생)得(득)明(명)網(망)皮(피)如(여)世(세)高(고)幢(당)放(방)不(불)

可(가)說(설)圓(원)滿(만)光(광)明(명)願(원)一(일)切(체)衆(중)生(생)

得(득)潤(윤)澤(택)色(색)皮(피)一(일)切(체)色(색)相(상)悉(실)皆(개)

淸(청)淨(정)是(시)爲(위)菩(보)薩(살)摩(마)訶(하)薩(살)施(시)身(신)

皮(피)時(시)善(선)根(근)迴(회)向(향)爲(위)令(령)衆(중)生(생)皆(개)

得(득)一(일)切(체)嚴(엄)淨(정)佛(불)刹(찰)具(구)足(족)如(여)來(래)

사경의 공덕은 십만억 부처님께 공양한 것과 같은 공덕이 있습니다.

大(대) 功(공) 德(덕) 故(고)

佛(불) 子(자) 菩(보) 薩(살) 摩(마) 訶(하) 薩(살) 以(이) 手(수) 足(족)

指(지) 施(시) 諸(제) 乞(걸) 者(자) 如(여) 堅(견) 精(정) 進(진) 菩(보) 薩(살)

閻(염) 浮(부) 提(제) 自(자) 在(재) 王(왕) 菩(보) 薩(살) 及(급) 餘(여) 無(무)

量(량) 諸(제) 大(대) 菩(보) 薩(살) 菩(보) 薩(살) 爾(이) 時(시) 顔(안) 貌(모)

和(화) 悅(열) 其(기) 心(심) 安(안) 善(선) 無(무) 有(유) 顚(전) 倒(도) 乘(승)

於(어) 大(대) 乘(승) 不(불) 求(구) 美(미) 欲(욕) 不(불) 尙(상) 名(명) 聞(문)

但發菩薩廣大之意遠離慳
단발보살광대지의원리간

嫉一切諸垢專向如來無上
질일체제구전향여래무상

妙法佛子菩薩摩訶薩如是
묘법불자보살마하살여시

施時攝諸善根悉以迴向
시시섭제선근실이회향

願一切衆生得纖長指與
원일체중생득섬장지여

佛無異願一切衆生得傭圓
불무이원일체중생득용원

指上下相稱願一切衆生得
지상하상칭원일체중생득

赤적 銅동 甲갑 指지 其기 甲갑 隆륭 起기 清청 淨정 鑒감

徹철 願원 一일 切체 衆중 生생 得득 一일 切체 智지 勝승

丈장 夫부 指지 悉실 能능 攝섭 持지 一일 切체 諸제 法법

願원 一일 切체 衆중 生생 得득 隨수 好호 指지 具구 足족

十십 力력 願원 一일 切체 衆중 生생 得득 大대 人인 指지

纖섬 傭용 齊제 等등

願원 一일 切체 衆중 生생 得득 輪륜 相상 指지 指지

足 족	善 선	說 설	得 득	業 업	生 생	節 절
是 시	安 안	諸 제	光 광	報 보	得 득	圓 원
爲 위	布 포	佛 불	藏 장	相 상	如 여	滿 만
菩 보	指 지	世 세	指 지	好 호	蓮 련	文 문
薩 살	善 선	界 계	放 방	莊 장	華 화	相 상
摩 마	巧 교	願 원	大 대	嚴 엄	卍 만	右 우
訶 하	分 분	一 일	光 광	願 원	字 자	旋 선
薩 살	布 포	切 체	明 명	一 일	旋 선	願 원
布 보	網 망	衆 중	照 조	切 체	指 지	一 일
施 시	縵 만	生 생	不 불	衆 중	十 십	切 체
指 지	具 구	得 득	可 가	生 생	力 력	衆 중

사경의 공덕은 십만억 부처님께 공양한 것과 같은 공덕이 있습니다.

時善根迴向爲令衆生一切
시선근회향위령중생일체

皆得心淸淨故
개득심청정고

佛子菩薩摩訶薩請求法
불자보살마하살청구법

時若有人言汝能施我連肉
시약유인언여능시아련육

爪甲當與法汝菩薩答言但
조갑당여법여보살답언단

與我法連肉爪甲隨意取用
여아법련육조갑수의취용

如求法自在王菩薩無盡菩
여구법자재왕보살무진보

銅 동	謂 위	爾 이	捨 사	益 익	法 법	薩 살
相 상	願 원	時 시	連 련	衆 중	故 고	及 급
爪 조	一 일	以 이	肉 육	生 생	欲 욕	餘 여
願 원	切 체	此 차	爪 조	一 일	以 이	無 무
一 일	衆 중	善 선	甲 갑	切 체	正 정	量 량
切 체	生 생	根 근	與 여	皆 개	法 법	諸 제
衆 중	皆 개	如 여	諸 제	令 령	開 개	大 대
生 생	得 득	是 시	乞 걸	得 득	示 시	菩 보
得 득	諸 제	廻 회	者 자	滿 만	演 연	薩 살
潤 윤	佛 불	向 향	菩 보	足 족	說 설	爲 위
澤 택	赤 적	所 소	薩 살	故 고	饒 요	求 구

사경의 공덕은 십만억 부처님께 공양한 것과 같은 공덕이 있습니다.

爪隨好莊嚴
조수호장엄

願一切衆生得光淨爪鑒
원일체중생득광정조감

徹第一願一切衆生得一切
철제일원일체중생득일체

智爪具大人相願一切衆生
지조구대인상원일체중생

得無比爪於諸世間無所染
득무비조어제세간무소염

著願一切衆生得妙莊嚴爪
착원일체중생득묘장엄조

光明普照一切世間願一切
광명보조일체세간원일체

色 색	得 득	業 업	願 원	便 편	一 일	衆 중
妙 묘	一 일	果 과	一 일	相 상	切 체	生 생
光 광	切 체	無 무	切 체	爪 조	衆 중	得 득
明 명	智 지	不 불	衆 중	廣 광	生 생	不 불
藏 장	大 대	淨 정	生 생	大 대	得 득	壞 괴
是 시	導 도	妙 묘	得 득	智 지	入 입	爪 조
爲 위	師 사	願 원	善 선	慧 혜	一 일	淸 청
菩 보	爪 조	一 일	生 생	皆 개	切 체	淨 정
薩 살	放 방	切 체	爪 조	悉 실	佛 불	無 무
摩 마	無 무	衆 중	菩 보	淸 청	法 법	缺 결
訶 하	量 량	生 생	薩 살	淨 정	方 방	願 원

사경의 공덕은 십만억 부처님께 공양한 것과 같은 공덕이 있습니다.

薩爲求法故施連肉爪甲時
살위구법고시련육조갑시

善根廻向爲令衆生具足諸
선근회향위령중생구족제

佛一切智爪無礙力故
불일체지조무애력고

佛子菩薩摩訶薩求佛法
불자보살마하살구불법

藏恭敬尊重生難得想有能
장공경존중생난득상유능

說者來語之言若能投身七
설자래어지언약능투신칠

仞火坑當施汝法菩薩聞已
인화갱당시여법보살문이

歡喜踊躍作是思惟我爲法
환희용약작시사유아위법

故尙應久住阿鼻獄等一切
고상응구주아비옥등일체

惡趣受無量苦何況纔入人
악취수무량고하황재입인

間火坑卽得聞法奇哉正法
간화갱즉득문법기재정법

甚爲易得不受地獄無量楚
심위이득불수지옥무량초

毒但入火坑卽便得聞但爲
독단입화갱즉편득문단위

我說
아설

사경의 공덕은 십만억 부처님께 공양한 것과 같은 공덕이 있습니다.

離 리	退 퇴	生 생	根 근	入 입	薩 살	
諸 제	轉 전	住 주	如 여	火 화	金 금	我 아
險 험	無 무	佛 불	是 시	坑 갱	剛 강	入 입
難 난	上 상	所 소	廻 회	中 중	思 사	火 화
受 수	菩 보	住 주	向 향	菩 보	惟 유	坑 갱
佛 불	提 리	一 일	所 소	薩 살	菩 보	如 여
安 안	願 원	切 체	謂 위	爾 이	薩 살	求 구
樂 락	一 일	智 지	願 원	時 시	爲 위	善 선
願 원	切 체	法 법	一 일	以 이	求 구	法 법
一 일	衆 중	永 영	切 체	此 차	法 법	王 왕
切 체	生 생	不 불	衆 중	善 선	故 고	菩 보

衆 중	具 구	熾 치	生 생	足 족		衆 중
生 생	足 족	火 화	離 리	喜 희	願 원	生 생
得 득	如 여	願 원	諸 제	樂 락	一 일	得 득
菩 보	來 래	一 일	惡 악	衆 중	切 체	無 무
薩 살	勝 승	切 체	趣 취	法 법	衆 중	畏 외
心 심	妙 묘	衆 중	滅 멸	莊 장	生 생	心 심
永 영	樂 락	生 생	除 제	嚴 엄	常 상	離 리
離 리	事 사	常 상	一 일	願 원	樂 락	諸 제
一 일	願 원	得 득	切 체	一 일	求 구	恐 공
切 체	一 일	安 안	三 삼	切 체	法 법	怖 포
貪 탐	切 체	樂 락	毒 독	衆 중	具 구	

恚에 癡치 火화 願원 一일 切체 衆중 生생 悉실 得득 菩보
薩살 諸제 三삼 昧매 樂락 普보 見견 諸제 佛불 心심 大대
歡환 喜희 願원 一일 切체 衆중 生생 善선 說설 正정 法법
於어 法법 究구 竟경 常상 無무 忘망 失실 願원 一일 切체
衆중 生생 具구 足족 菩보 薩살 神신 通통 妙묘 樂락 究구
竟경 安안 住주 一일 切체 種종 智지 是시 爲위 菩보 薩살
摩마 訶하 薩살 爲위 求구 正정 法법 投투 火화 阬갱 時시

善根迴向爲令衆生離障礙
선근회향위령중생리장애

業皆得具足智慧火故
업개득구족지혜화고

佛子菩薩摩訶薩爲求正
불자보살마하살위구정

法分別演說開菩薩道示菩
법분별연설개보살도시보

提路趣無上智勤修十力廣
리로취무상지근수십력광

示一切智心獲無礙智法令
시일체지심획무애지법령

衆生清淨住菩薩境界
중생청정주보살경계

勤(근) 修(수) 大(대) 智(지) 護(호) 佛(불) 菩(보) 提(리) 時(시) 以(이)

身(신) 具(구) 受(수) 無(무) 量(량) 苦(고) 惱(뇌) 如(여) 求(구) 善(선) 法(법)

菩(보) 薩(살) 勇(용) 猛(맹) 王(왕) 菩(보) 薩(살) 及(급) 餘(여) 無(무) 量(량)

諸(제) 大(대) 菩(보) 薩(살) 爲(위) 求(구) 法(법) 故(고) 受(수) 無(무) 量(량)

苦(고) 乃(내) 至(지) 攝(섭) 取(취) 誹(비) 謗(방) 正(정) 法(법) 惡(악) 業(업)

所(소) 覆(부) 魔(마) 業(업) 所(소) 持(지) 極(극) 大(대) 惡(악) 人(인) 彼(피)

所(소) 應(응) 受(수) 一(일) 切(체) 苦(고) 惱(뇌) 以(이) 求(구) 法(법) 故(고)

사경의 공덕은 십만억 부처님께 공양한 것과 같은 공덕이 있습니다.

悉皆爲受以此善根如是迴
실개위수이차선근여시회

向所謂願一切衆生永離一
향소위원일체중생영리일

切苦惱逼迫成就安樂自在
체고뇌핍박성취안락자재

神通願一切衆生永離諸苦
신통원일체중생영리제고

得一切樂願一切衆生永滅
득일체락원일체중생영멸

苦蘊得照現身恒受安樂
고온득조현신항수안락

願一切衆生超出苦獄成
원일체중생초출고옥성

就(취)智(지)行(행)願(원)一(일)切(체)衆(중)生(생)見(견)安(안)隱(은)
道(도)離(리)諸(제)惡(악)趣(취)願(원)一(일)切(체)衆(중)生(생)得(득)
法(법)喜(희)樂(락)永(영)斷(단)衆(중)苦(고)願(원)一(일)切(체)衆(중)
生(생)永(영)拔(발)衆(중)苦(고)互(호)相(상)慈(자)愛(애)無(무)損(손)
害(해)心(심)願(원)一(일)切(체)衆(중)生(생)得(득)諸(제)佛(불)樂(락)
離(리)生(생)死(사)苦(고)願(원)一(일)切(체)衆(중)生(생)成(성)就(취)
淸(청)淨(정)無(무)比(비)安(안)樂(락)一(일)切(체)苦(고)惱(뇌)無(무)

能損害願一切衆生得一切
능손해원일체중생득일체

勝樂究竟具足佛無礙樂是
승락구경구족불무애락시

爲菩薩摩訶薩爲求法故受
위보살마하살위구법고수

衆苦時善根迴向爲欲救護
중고시선근회향위욕구호

一切衆生令離險難住一切
일체중생령리험난주일체

智無所障礙解脫處故
지무소장애해탈처고

佛子菩薩摩訶薩處於王
불자보살마하살처어왕

사경의 공덕은 십만억 부처님께 공양한 것과 같은 공덕이 있습니다.

位求正法時乃至但爲一文
위구정법시내지단위일문

一字一句一義生難得想能
일자일구일의생난득상능

悉罄捨海內所有若近若遠
실경사해내소유약근약원

國土城邑人民庫藏園池屋
국토성읍인민고장원지옥

宅樹林華果乃至一切珍奇
택수림화과내지일체진기

妙物宮殿樓閣妻子眷屬及
묘물궁전루각처자권속급

以王位悉能捨之於不堅中
이왕위실능사지어불견중

사경의 공덕은 십만억 부처님께 공양한 것과 같은 공덕이 있습니다.

求堅固法爲欲利益一切衆
구견고법위욕리익일체중

生勤求諸佛無礙解脫究竟
생근구제불무애해탈구경

淸淨一切智道
청정일체지도

如大勢德菩薩勝德王菩
여대세덕보살승덕왕보

薩及餘無量諸大菩薩勤求
살급여무량제대보살근구

正法乃至極少爲於一字五
정법내지극소위어일자오

體投地正念三世一切佛法
체투지정념삼세일체불법

愛樂修習永不貪著名聞利 (애락수습영불탐착명문리)
養捨諸世間自在王位求佛 (양사제세간자재왕위구불)
自在法王之位於世間樂心 (자재법왕지위어세간락심)
無所著以出世法長養其心 (무소착이출세법장양기심)
永離世間一切戲論住於諸 (영리세간일체희론주어제)
佛無戲論法 (불무희론법)
菩薩爾時以諸善根如是 (보살이시이제선근여시)

迴向所謂願一切衆生常樂 (회향소위원일체중생상락)
惠施一切悉捨願一切衆生 (혜시일체실사원일체중생)
能捨所有心無中悔願一切 (능사소유심무중회원일체)
衆生常求正法不惜身命資 (중생상구정법불석신명자)
生之具願一切衆生悉得法 (생지구원일체중생실득법)
利能斷一切衆生疑惑願一 (리능단일체중생의혹원일)
切衆生得善法欲心常喜樂 (체중생득선법욕심상희락)

諸(제) 佛(불) 正(정) 法(법)

願(원) 一(일) 切(체) 衆(중) 生(생) 爲(위) 求(구) 佛(불) 法(법) 能(능)

捨(사) 身(신) 命(명) 及(급) 以(이) 王(왕) 位(위) 大(대) 心(심) 修(수) 習(습)

無(무) 上(상) 菩(보) 提(리) 願(원) 一(일) 切(체) 衆(중) 生(생) 尊(존) 重(중)

正(정) 法(법) 常(상) 深(심) 愛(애) 樂(락) 不(불) 惜(석) 身(신) 命(명) 願(원)

一(일) 切(체) 衆(중) 生(생) 護(호) 持(지) 諸(제) 佛(불) 甚(심) 難(난) 得(득)

法(법) 常(상) 勤(근) 修(수) 習(습) 願(원) 一(일) 切(체) 衆(중) 生(생) 皆(개)

得(득) 諸(제) 佛(불) 菩(보) 提(리) 光(광) 明(명) 成(성) 菩(보) 提(리) 行(행)
不(불) 由(유) 他(타) 悟(오) 願(원) 一(일) 切(체) 衆(중) 生(생) 常(상) 能(능)
觀(관) 察(찰) 一(일) 切(체) 佛(불) 法(법) 拔(발) 除(제) 疑(의) 箭(전) 心(심)
得(득) 安(안) 隱(은) 是(시) 爲(위) 菩(보) 薩(살) 摩(마) 訶(하) 薩(살) 爲(위)
求(구) 正(정) 法(법) 捨(사) 國(국) 城(성) 時(시) 善(선) 根(근) 廻(회) 向(향)
爲(위) 令(령) 衆(중) 生(생) 知(지) 見(견) 圓(원) 滿(만) 常(상) 得(득) 住(주)
於(어) 安(안) 隱(은) 道(도) 故(고)

佛(불)子(자)菩(보)薩(살)摩(마)訶(하)薩(살)作(작)大(대)國(국)

王(왕)於(어)法(법)自(자)在(재)普(보)行(행)敎(교)令(령)令(령)除(제)

殺(살)業(업)閻(염)浮(부)提(제)內(내)城(성)邑(읍)聚(취)落(락)一(일)

切(체)屠(도)殺(살)皆(개)令(령)禁(금)斷(단)無(무)足(족)二(이)足(족)

四(사)足(족)多(다)足(족)種(종)種(종)生(생)類(류)普(보)施(시)無(무)

畏(외)無(무)欺(기)奪(탈)心(심)廣(광)修(수)一(일)切(체)菩(보)薩(살)

諸(제)行(행)仁(인)慈(자)莅(리)物(물)不(불)行(행)侵(침)惱(뇌)發(발)

妙寶心安隱衆生於諸佛所
묘보심안은중생어제불소

立深志樂常自安住三種淨
립심지락상자안주삼종정

戒亦令衆生如是安住
계역령중생여시안주

菩薩摩訶薩令諸衆生住
보살마하살령제중생주

於五戒永斷殺業以此善根
어오계영단살업이차선근

如是迴向所謂願一切衆生
여시회향소위원일체중생

發菩薩心具足智慧永保壽
발보살심구족지혜영보수

身 신	一 일	死 사	願 원	一 일		命 명
壽 수	切 체	法 법	一 일	切 체	願 원	無 무
命 명	衆 중	一 일	切 체	佛 불	一 일	有 유
自 자	生 생	切 체	衆 중	恭 공	切 체	終 종
在 재	具 구	災 재	生 생	敬 경	衆 중	盡 진
能 능	足 족	毒 독	具 구	勤 근	生 생	
隨 수	成 성	不 불	足 족	修 수	住 주	
意 의	就 취	害 해	修 수	更 갱	無 무	
住 주	無 무	其 기	行 행	增 증	量 량	
願 원	病 병	命 명	離 리	壽 수	劫 겁	
一 일	惱 뇌	願 원	老 로	命 명	供 공	

切衆生得無盡命窮未來劫
체중생득무진명궁미래겁

住菩薩行教化調伏一切衆
주보살행교화조복일체중

生願一切衆生爲壽命門十
생원일체중생위수명문십

力善根於中增長願一切衆
력선근어중증장원일체중

生善根具足得無盡命成滿
생선근구족득무진명성만

大願
대원

願一切衆生悉見諸佛供
원일체중생실견제불공

養承事住無盡壽修集善根 (양승사주무진수수집선근)

願一切衆生於如來處善學 (원일체중생어여래처선학)

所學得聖法喜無盡壽命願 (소학득성법희무진수명원)

一切衆生得不老不病常住 (일체중생득불로불병상주)

命根勇猛精進入佛智慧是 (명근용맹정진입불지혜시)

爲菩薩摩訶薩住三聚淨戒 (위보살마하살주삼취정계)

永斷殺業善根迴向爲令衆 (영단살업선근회향위령중)

業 업	令 령	是 시	男 남	生 생		生 생
菩 보	閻 염	事 사	形 형	心 심	佛 불	得 득
薩 살	浮 부	已 이	令 령	懷 회	子 자	佛 불
爾 이	提 제	起 기	身 신	殘 잔	菩 보	十 십
時 시	一 일	大 대	缺 결	忍 인	薩 살	力 력
語 어	切 체	慈 자	減 감	損 손	摩 마	圓 원
其 기	人 인	悲 비	受 수	諸 제	訶 하	滿 만
人 인	民 민	而 이	諸 제	人 인	薩 살	智 지
言 언	皆 개	哀 애	楚 초	畜 축	見 견	故 고
汝 여	捨 사	救 구	毒 독	所 소	有 유	
何 하	此 차	之 지	見 견	有 유	衆 중	

所(소) 爲(위) 作(작) 是(시) 惡(악) 業(업) 我(아) 有(유) 庫(고) 藏(장) 百(백)
千(천) 萬(만) 億(억) 一(일) 切(체) 樂(악) 具(구) 悉(실) 皆(개) 充(충) 滿(만)
隨(수) 汝(여) 所(소) 須(수) 盡(진) 當(당) 相(상) 給(급) 汝(여) 之(지) 所(소)
作(작) 衆(중) 罪(죄) 由(유) 生(생) 我(아) 今(금) 勸(권) 汝(여) 莫(막) 作(작)
是(시) 事(사) 汝(여) 所(소) 作(작) 業(업) 不(불) 如(여) 道(도) 理(리)
設(설) 有(유) 所(소) 獲(획) 於(어) 何(하) 可(가) 用(용) 損(손) 他(타)
益(익) 己(기) 終(종) 無(무) 是(시) 處(처) 如(여) 此(차) 惡(악) 行(행) 諸(제)

不善法一切如來所不稱歎
불선법일체여래소불칭탄

作是語已卽以所有一切樂
작시어이즉이소유일체악

具盡皆施與復以善語爲說
구진개시여부이선어위설

妙法令其歡悅所謂示寂靜
묘법령기환열소위시적정

法令其信受滅除不善修行
법령기신수멸제불선수행

淨業互起慈心不相損害彼
정업호기자심불상손해피

人聞已永捨罪惡菩薩爾時
인문이영사죄악보살이시

以此善根如是迴向所謂
이 차 선 근 여 시 회 향 소 위

願一切衆生具丈夫形成
원 일 체 중 생 구 장 부 형 성

就如來馬陰藏相願一切衆
취 여 래 마 음 장 상 원 일 체 중

生具男子形發勇猛心修諸
생 구 남 자 형 발 용 맹 심 수 제

梵行願一切衆生具勇猛力
범 행 원 일 체 중 생 구 용 맹 력

恒爲主導住無礙智永不退
항 위 주 도 주 무 애 지 영 불 퇴

轉願一切衆生皆得具足大
전 원 일 체 중 생 개 득 구 족 대

丈夫身永離欲心無所染著
장부신영리욕심무소염착

願一切衆生悉得成就善男
원일체중생실득성취선남

子法智慧增長諸佛所歎願
자법지혜증장제불소탄원

一切衆生普得具於大人之
일체중생보득구어대인지

力常能修習十力善根
력상능수습십력선근

願一切衆生永不失壞男
원일체중생영불실괴남

子之形常修福智未曾有法
자지형상수복지미증유법

雄 웅	丈 장	其 기	一 일	菩 보	無 무	願 원
是 시	夫 부	化 화	智 지	薩 살	縛 박	一 일
爲 위	智 지	願 원	慧 혜	行 행	心 심	切 체
菩 보	慧 혜	一 일	丈 장	願 원	得 득	衆 중
薩 살	不 불	切 체	夫 부	一 일	解 해	生 생
摩 마	久 구	衆 중	一 일	切 체	脫 탈	於 어
訶 하	當 당	生 생	切 체	衆 중	厭 염	五 오
薩 살	成 성	具 구	宗 종	生 생	離 리	欲 욕
禁 금	無 무	足 족	信 신	成 성	三 삼	中 중
絶 절	上 상	菩 보	伏 복	就 취	有 유	無 무
一 일	大 대	薩 살	從 종	第 제	住 주	著 착

사경의 공덕은 십만억 부처님께 공양한 것과 같은 공덕이 있습니다.

切(체)毁(훼)敗(패)男(남)形(형)善(선)根(근)廻(회)向(향)爲(위)令(령)

衆(중)生(생)具(구)丈(장)夫(부)形(형)皆(개)能(능)守(수)護(호)諸(제)

善(선)丈(장)夫(부)生(생)賢(현)聖(성)家(가)智(지)慧(혜)具(구)足(족)

常(상)勤(근)修(수)習(습)丈(장)夫(부)勝(승)行(행)有(유)丈(장)夫(부)

用(용)巧(교)能(능)顯(현)示(시)七(칠)丈(장)夫(부)道(도)具(구)足(족)

諸(제)佛(불)善(선)丈(장)夫(부)種(종)丈(장)夫(부)正(정)敎(교)丈(장)

夫(부)勇(용)猛(맹)丈(장)夫(부)精(정)進(진)丈(장)夫(부)智(지)慧(혜)

丈夫清淨普令衆生究竟皆得

장부청정보령중생구경개득

사경의 공덕은 십만억 부처님께 공양한 것과 같은 공덕이 있습니다.

發 願 文

귀의 삼보하옵고
거룩하신 부처님께 발원하옵나이다.

주　소 : ______________________________

전　화 : ______________ 불명 : ________ 성명 : ________

불기 25 ______ 년 ______ 월 ______ 일